V 1757

EXPLICATION
DES
TABLEAUX
DE LA GALERIE
DE
VERSAILLES,
ET DE SES DEUX SALLONS.

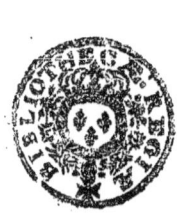 

A VERSAILLES,
De l'Imprimerie de FRANÇOIS MUGUET, premier
Imprimeur du Roy, à l'ancien Hostel de Seignelay.

MDCLXXXVII.
Par ordre exprés de sa Majesté.

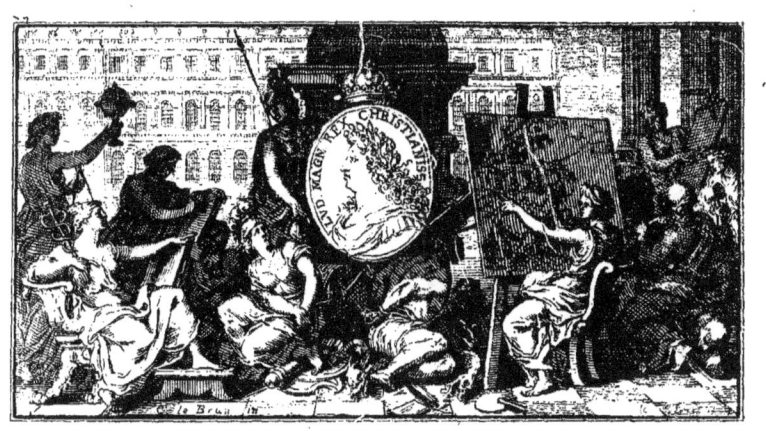

EXPLICATION
DES
TABLEAUX
DE LA GALERIE
DE VERSAILLES.

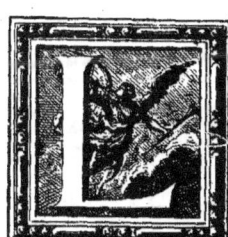A Galerie de Versailles a trente-sept toises de longueur au dedans sur cinq de largeur, fans comprendre les deux Sallons, qui sont aux

ā

GALERIE

extremitez, & avec lesquels elle occupe toute la grande façade de l'avant-corps du Château sur le Jardin.

Elle est d'Ordre composite françois, avec des Coqs, des Soleils, & des Fleurs-de-lys dans les Chapiteaux; des Couronnes de France, & des Colliers des Ordres de saint Michel, & du saint Esprit dans la Corniche.

L'ordonnance de l'architecture est reglée par dix-sept grandes Fenestres cintrées, qui répondent à autant d'Arcades de la mesme grandeur, remplies de glaces de miroirs; les unes & les autres separées de chaque costé par vingt-quatre

DE VERSAILLES.

Pilaſtres, & ornées de deux Statuës antiques placées dans des niches. Les deux Fonds ſont compoſez chacun d'une grande Arcade accompagnée de deux Colonnes, de ſix Pilaſtres, & de deux Statuës antiques poſées ſur des pié-d'eſtaux en ſaillie: & de ces arcades, l'une ſert d'entrée au Sallon, qu'on appelle le *Sallon de la Guerre*, du coſté des grands Appartemens du Roi; l'autre au *Sallon de la Paix*, vers les Appartemens de la Reine.

Toute cette architecture eſt de marbre de differentes couleurs, à l'exception des Baſes & des Chapiteaux, qui ſont de

GALERIE

bronze doré, aussi-bien que les Trophées, les Peaux de lion, les Festons de lauriers & de fleurs, les Soleils Rhodiens, & les Roses, qui ornent les arcades, & les entre-deux des pilastres.

Au dessus de l'Entablement il y a des Cartouches & des Trophées de differentes figures, servant de couronnemens aux arcades. Les Cartouches sont remplis d'inscriptions au dessous des grands Tableaux de la voûte, & accompagnez de deux Griffons, ou de deux Sphinx. Les Trophées sont soûtenus par deux Enfans, qui tiennent des guirlandes; & ces

DE VERSAILLES.

ornemens font de ftuc doré, auffi-bien que l'Entablement.

Toute la Galerie eft voûtée d'un berceau en plein cintre, enrichi d'une compofition d'architecture en perfpective de divers marbres, avec des compartimens d'or; & c'eft-là que le fieur le Brun, premier Peintre du Roy, a reprefenté par des emblêmes heroïques, en neuf grands Tableaux & en dix-huit petits, une partie de l'hiftoire de ce Monarque. Sept grands Tableaux, de differentes formes, partagent la longueur de la Galerie, & il y en a deux dans les fonds, qui fe communiquent à une

GALERIE

portion de la voûte par des draperies & par des nuages.

Sous les deux Tableaux des extrémitez on a peint, vers le Sallon de la Guerre, dans les ouvertures de l'architecture feinte, de grands Tapis de velours où sont tissus les Trophées des premieres Campagnes du Roy, & que des Victoires & des Satires détachent, comme pour faire place aux Trophées de ses dernieres Conquestes. Du costé du Sallon de la Paix les Tapis ne paroissent plus, & les Victoires y ont déja placé des Trophées, que de jeunes Amours attachent avec des

DE VERSAILLES.

feſtons de fleurs, tandis que d'autres Victoires élevent des Etendards, & tracent des inſcriptions ſur l'airain. Les bordures de tous ces Tableaux ſont de ſtuc doré, avec des ornemens, qui ont rapport aux ſujets.

PREMIER

PREMIER TABLEAU.

Le Roy prend luy-mesme la conduite de ses Estats, & se donne tout entier aux affaires. 1661.

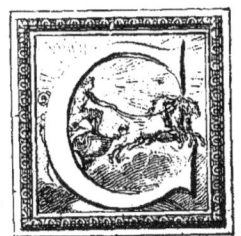 E fut au milieu des plaisirs, & dans le sein de la tranquillité, que le Roy forma la resolution heroïque

Il est au milieu de la voute.

A

dont on a fait le sujet du plus grand de ces Tableaux, qu'on doit regarder comme le premier, puis qu'il renferme ce qui a esté, pour ainsi dire, l'origine de toutes les belles actions, qui sont representées dans les autres. Le Roy y est peint dans la fleur de sa jeunesse, assis dans un Thrône sous un Pavillon magnifique, la main droite posée sur un timon de navire. Les Graces sont debout auprés de luy, & l'on voit la Tranquillité au mesme endroit sous la figure d'une femme assise, qui appuye negligemment sa teste sur une de ses mains, & tient

DE VERSAILLES. 3
de l'autre une grenade, symbole de l'union des Peuples sous l'autorité souveraine. La France aussi assise, pour marque de son estat paisible, se fait voir derriere ces figures appuyée sur un bouclier, dont le poids écrase la Discorde. L'Hymenée est auprés d'elle, qui l'éclaire de son flambeau, pour montrer qu'on estoit encore dans les réjoüissances du mariage du Roy ; & la Seine paroist au dessous couchée sur son urne, d'où il sort de l'eau avec des fleurs & des fruits, à cause de la beauté & de la fertilité des Provinces qu'elle arrose. Tout le bas du Tableau
A ij

est rempli de jeunes Enfans nus, qui expriment en cent manieres differentes le Jeu, le Bal, la Musique, la Chasse, les Festes, les Carrousels, & tous les autres divertissemens de la Cour. Cela se passe aux pieds du Monarque, qui n'en paroist aucunement touché; & l'on remarque au contraire sur son visage, & dans toute son action la noble ardeur, dont il est transporté à l'aspect de la Gloire, qui se presente à luy dans le Ciel, & qui fait briller à ses yeux une couronne d'or enrichie d'étoiles. Minerve, c'est à dire la Prudence, est à costé du Throne avec son bouclier

DE VERSAILLES. 5
de cristal, où refléchit l'image de ce Prince. Mars le Dieu de la valeur est un peu au dessus, & tous deux, en luy montrant cette couronne que la Gloire luy propose, font entendre qu'elle ne peut estre le prix que de sa sagesse, & de son courage. Le Temps leve un des coins du Pavillon, comme pour montrer qu'il s'appreste à découvrir les grandes actions que le Roy va faire. Jupiter, Junon, Neptune, Vulcain, Pluton, Hercule, Diane & Cerés regardent du haut du Ciel ce jeune Monarque, & semblent s'interesser unanimement pour sa gloire. Le Soleil

sur son char se haste pour en estre témoin; & Mercure vole déja, pour aller annoncer à toute la Terre une resolution si magnanime.

Dans l'autre partie du Tableau l'on voit l'Allemagne, l'Espagne & la Hollande peintes sous la figure de trois femmes superbement vétuës, & avec une contenance fiere & audacieuse; pour montrer l'orgueil & les desseins ambitieux de ces trois Puissances voisines de la France. L'Allemagne est au dessus des deux autres assise sur un foible nuage. On la reconnoist à son Aigle & à sa

DE VERSAILLES. 7
Couronne Imperiale. L'Espagne est à costé droit, appuyée sur un Lion, qui devore un Roi des Indes étendu sur des tresors; & l'Ambition paroist au dessus, tenant d'une main un flambeau, dont elle met le feu à des Palais, tandis que de l'autre main elle arrache la couronne à un Roi terrassé. A gauche, & un peu plus bas, on voit la Hollande aussi appuyée sur un Lion, qui tient dans ses pates les sept fléches liées ensemble, que les sept Provinces ont choisies pour leur symbole. Elle a un trident à la main, & une longue chaîne à laquelle Thetis est attachée,

pour faire connoître combien cette Republique s'estoit rendu puissante sur la mer. Les marchandises qui sont au dessous, & les Vaisseaux que l'on équipe dans le lointain, sont des marques de son application au commerce.

Il y a pour seconde Inscription sous cette seconde partie du Tableau, *L'Ancien Orgueil des Puissances voisines de la France.*

II.

DE VERSAILLES.

II. TABLEAU.
Resolution prise de chastier les Hollandois. 1671.

Il est à costé gauche du grand Tableau, du costé des fenestres.

ON a exprimé dans les petits Tableaux ce que le Roy a fait de plus merveilleux depuis l'année 1661. jusqu'à la guerre de Hollande, où commencerent ces actions qui ont fait l'étonnement de l'Univers, & qui ayant quelque chose de plus grand encore que les autres, ont fourni aussi la matiere des grands Tableaux. La resolution qu'il prit de porter ses armes dans le sein de la Hollande, pour la punir & de son

B

ingratitude & de son insolence, est donc le sujet du second des grands Tableaux. On y void ce Prince, revestu de son manteau Royal, & assis dans son Trône, qui delibere avec Minerve, Mars, & la Justice. Mars luy presente un char de triomphe attelé de deux chevaux, dans lequel il l'invite d'entrer, en luy montrant, comme autant de seurs garans d'un heureux succés, des trophées d'armes, & des boucliers épars où sont écrits les noms des Villes, qu'il avoit conquises en Flandre quatre ans auparavant. La Victoire, toute preste à le couronner, est auprés du char, aussi-bien que la Renommée, qui, la trompette en main, se prépare à publier sa gloire. D'autre costé Minerve, c'est à dire la Prudence, expose à ses yeux, en un morceau de tapisserie, une image des maux & des fatigues de la guerre. Elle luy fait voir en un endroit des hommes noyez, en un autre des soldats morts ou mourans de faim & de misere, & quelques-uns reduits à manger de l'herbe; icy l'air est tout en feu, là on void des arbres dépoüillez de feüilles, & couverts de frimats; & l'Hiver, sous la figure d'un Vieillard, qui serre entre

B ij

ses bras un soldat gelé. Plus loin, au milieu d'un champ aride, elle luy montre l'Envie avec ses serpens, accompagnée d'un Aigle & d'un Lion. Tout cela pour faire entendre à ce Prince quels froids, quelles chaleurs, quels travaux il faudra essuyer dans le cours de cette guerre, & les obstacles que luy feront l'Allemagne & l'Espagne, dans la jalousie qu'elles auront de ses conquestes. La Justice, comme celle qui preside à ce conseil, est au milieu du Tableau derriere le Trône, & la lance & l'épée qu'elle tient, font voir qu'elle opine à la guerre & à la punition des coupables.

III. TABLEAU.

Le Roy arme sur mer & sur terre.
1672.

Il est à costé droit du grand Tableau, au dessus des fenestres.

ON ne pouvoit pas exprimer plus ingenieusement qu'on a fait icy ces grands préparatifs de guerre de l'année 1672. Le Roy est debout au milieu du Tableau, qui donne ses ordres de tous costez. La Prévoyance est auprés de luy assise sur un nuage, tenant à la main un compas, & un livre ouvert, pour montrer qu'il prend toûjours ses mesures justes, & qu'il ne fait rien qu'avec connoissance, & avec mûre deliberation. Neptune, dans un char traîné par des chevaux marins, & suivi d'une troupe de Tritons, s'approche du rivage, comme pour témoigner à ce Prince qu'il peut disposer de l'Empire de la mer. Il luy presente son Trident, & luy montre des Vaisseaux tout prests à faire voile, & d'autres que l'on équipe. Mars, de l'autre costé du Tableau, arrive aussi sur son char tiré par deux chevaux de bataille, & luy amene des Officiers & des Soldats. Mercure luy fait present d'un riche bouclier. Vulcain luy donne une cuirasse, & des faisseaux d'épées & de piques portez par un Cyclope, & Minerve, au milieu de l'air, tient un casque d'or, qu'elle va luy mettre sur la teste. Apollon, le Dieu de l'Architecture, s'avance aussi, & a l'œil sur un grand nombre d'Ouvriers, qui bâtissent des Vaisseaux & des Forteresses, ou qui s'occupent à des travaux militaires. Pluton, qui au sentiment de quelques-uns est le mesme que Plutus le Dieu des Richesses, ne prend pas moins de part à sa gloire, & a déja répandu ses tresors aux pieds de ce Prince, où, parmy des instrumens & des machines de guerre, l'on apperçoit de magnifiques vases remplis de pieces d'or. La Deeſſe des Moiſſons paroiſt auſſi en l'air, la faucille en main. Elle a laiſſé ſon char dans le Ciel, & vient, ſuivie de l'Abondance, luy offrir tout ce qui luy eſt neceſſaire pour la ſubſiſtance de ſes Armées. La Vigilance ſe fait remarquer dans la partie la plus élevée du Tableau, d'où elle conduit toute l'entrepriſe. Elle eſt peinte avec des aiſles ; & elle tient d'une main une Horloge de ſable, & de l'autre un Cocq & un Eperon, ſymboles de ſon activité.

IV.

IV. TABLEAU.

Le Roy donne ses Ordres pour attaquer en mesme temps quatre des plus fortes places de la Hollande. 1672.

Il est à costé gauche du grand Tableau, au dessus des miroirs.

IL n'est pas mal-aisé d'appliquer le sens de cette Inscription aux figures de ce Tableau, qui est moins allegorique que les autres, & où le Roy tient en effet comme un Conseil de guerre avec le Duc d'Orleans, le Prince de Condé, & le Vicomte de Turenne, tous representez au naturel. Il leur propose le dessein

C

qu'il a formé d'ouvrir la Campagne par l'attaque de quatre Places importantes, Vefel, Burich, Orfoi, & Rhimberg, qu'il prétend affieger en mefme temps. Les noms de ces Places fe diftinguent fur le plan que Minerve luy prefente, & qu'un jeune Enfant aiflé, qui a une couronne de laurier fur la tefte, femble étendre par un des bouts. Par ce jeune Enfant le Peintre a voulu figurer l'amour de la Gloire, qu'on voit elle-mefme toute brillante au deffus du Roy. La Prévoyance, un compas à la main, eft affife derriere luy. La Vigilance eft en l'air, auffi-bien que la

DE VERSAILLES. 19
Victoire qui vole devant ce Prince, & luy marque le chemin qu'il doit suivre : & Mars paroist icy entierement declaré pour la France, comme on le peut reconnoître aux Fleurs-de-lis qu'il porte sur son bouclier. Pour ce jeune Garçon serieux & attentif, qui tient un casque, & qui a un doigt sur la bouche, un Sphinx sur la teste, & un bandeau d'or sur le front, on voit bien que c'est le Dieu du Secret. Il est placé tout prés du Roy, pour montrer qu'il l'accompagne dans toutes ses entreprises. Aux deux coins du Tableau, & dans le lointain, il y a des
C ij

Soldats, qui semblent n'attendre que l'ordre pour partir; & leur ardeur ne laisse pas de se faire remarquer dans cet éloignement.

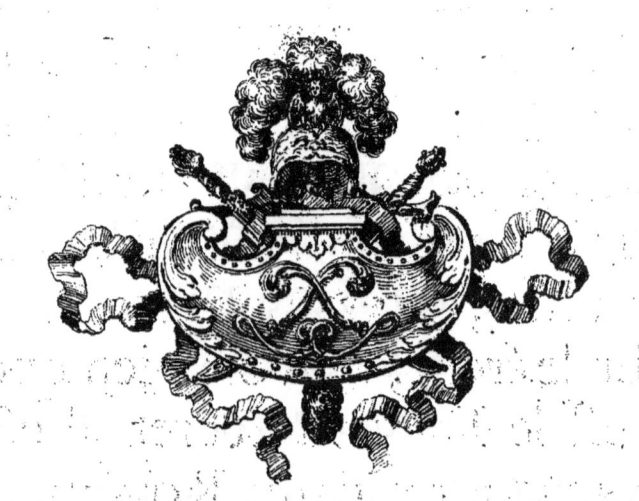

V. TABLEAU.

Passage du Rhin en presence des Ennemis. 1672.

Il occupe toute la voute, comme celuy qui est au milieu de la Galerie.

LE dessein qu'on a eu dans ce Tableau n'a pas esté seulement de representer les circonstances de ce fameux passage, qui jetta la consternation parmy les Hollandois: on a songé aussi à exprimer les conquestes qui le précederent, & une partie de ces progrés incroyables, dont il fut suivi; aussi-bien que l'étonnement qu'il causa à toute la Terre. Le Roy y paroist sur un Char de guerre, tiré par deux chevaux qui semblent voler. Il a la foudre à la main; l'impetuosité de sa course est marquée par l'agitation de ses cheveux, que le vent rejette en arriere; & son visage est animé d'une colere majestueuse, qui imprime la terreur & le respect. La Gloire & Minerve, ses compagnes fideles, volent devant le Char, qu'Hercule, symbole de la vertu heroique, pousse d'une main par dessus les flots. L'Espagne s'avance le masque à la main, & semble vouloir arrester le vainqueur. Mais tâchant de saisir les resnes des chevaux, elle ne peut s'attacher qu'à l'un des traits, & elle est elle-mesme entraînée ; par où l'on a voulu figurer les vains efforts, qu'elle fit en ce temps-là par ses pratiques secretes, pour s'opposer aux desseins du Roi. Le Rhin, qui se reposoit sur son urne, se releve tout épouvanté de voir traverser ses eaux avec cette vîtesse prodigieuse, & laisse d'effroy tomber son Gouvernail. Cependant le Char avance, & tout cet amas d'hommes, & de femmes renversées sous les pieds des chevaux, sont autant de figures symboliques des obstacles que le Roy avoit déja surmontez, & des Villes

qu'il avoit prises. La Hollande se presente sur son Lion, au devant du Char, l'épée à la main ; & oppose pour toute défense son bouclier, où se lit cette insolente Inscription, qui bravoit tous les Souverains. Mais sa frayeur est peinte sur son visage, & l'on voit bien qu'elle ne peut pas seulement soûtenir les regards du Vainqueur. L'abaissement de son orgueil est marqué par une Figure, qui a les aisles à moitié coupées, & qui mord la poussiere en laissant échaper une couronne, qui semble tomber hors du Tableau. Le desordre de son commerce
est

DE VERSAILLES. 25

est representé par un homme renversé entre des balots de marchandises, qui tient un livre de comptes tout broüillé, & qui a de l'argent répandu autour de luy; la perte de ses forces maritimes par un Matelot, qui tombe prés d'un Anchre la teste la premiere; & la consternation de ses Peuples par des hommes, qui viennent de loin apporter les clefs de leurs Villes. Le haut du Tableau est occupé par des Victoires, qui volent de tous costez, & entre lesquelles on en distingue une, qui tient quatre couronnes dans ses mains, par où elle fait

D

assez connoiftre qu'elle a préfidé aux quatre Sieges, qui ont fervy de prélude à la Campagne. Il y en a encore une autre, qui fe fait remarquer à l'extremité du Tableau. Elle porte un étendart où eft écrit le mot de *Tolhuis*, pour défigner l'endroit où les François pafferent le Rhin.

La prife de Maftrich eft figurée de l'autre cofté du cintre par une femme, qui tombe l'épée à la main, & à qui Mars arrache de force un bouclier, où le nom de cette Ville eft écrit : & l'on découvre auffi fur quantité de boucliers, que tiennent d'autres Victoires, au dessus de ces deux figures, les noms & les armes de plusieurs Villes, qui furent prises aprés le passage du Rhin, Zutphen, Nimegue, Utrecht &c. L'Europe, peinte au même endroit, contemple avec étonnement toutes ces merveilles; sa Couronne est tombée sur ses genoux, & elle a peine à retenir son Cheval épouvanté. Les instrumens des arts, & les fruits qu'elle tient ordinairement, sont échapez de ses mains, & vont enrichir le bas du Tableau. Sa surprise enfin se communique jusqu'aux Peuples du nouveau Monde, qui paroissent dans l'éloignement, & lesquels furent à quelque temps de là les témoins des Victoires, que les Armes du Roy remporterent prés de leurs Isles sur l'Armée navale des Hollandois.

Il y a au dessous *Prise de Maſtrich en treize jours 1673.*

VI. TABLEAU.

Ligue de l'Allemagne & de l'Espagne avec la Hollande. 1672.

Il est au dessus de l'arcade du Sallon de la Guerre.

IL n'y a personne qui ne sçache que cette ligue a esté concluë dans le desordre & & que la crainte & la jalousie l'ont fait naistre. Aussi est-c ce qui a fourni les principales idées de ce Tableau. Ces trois Femmes assises, qui, se touchant dans la main, semblent jurer une étroite alliance; ce sont l'Allemagne, l'Espagne, & la Hollande. Cette derniere est aisée à reconnoistre à la consternation & au desordre, qui paroissent sur son visage, & dans toute son action. L'Allemagne, malgré l'orgüeil qu'elle affecte, ne peut pas cacher son étonnement, ny sa douleur. L'Espagne grince les dents de dépit, & semble ne s'estre démasquée, que pour mieux faire voir à tout le monde le trouble qui la transporte. Derriere ces trois Femmes sont trois especes de Furies, avec des symboles, qui les font reconnoistre pour les passions, qui ont presidé à leur union. Dans les extremitez du Tableau paroist d'un costé l'Antre des

Cyclopes, où l'on forge à la haste des armes que l'on distribuë aussi-tost, pour marquer les levées tumultueuses, qui se firent de toutes parts contre la France. Et de l'autre costé on voit quantité de gens armez, tout differens d'habillemens, & dont les démarches mesmes paroissent tout opposées. Le Peintre a heureusement exprimé par là, non seulement la diversité d'interests, & le peu de veritable union, qui estoient dans la pluspart des Confederez; mais encore le trouble, & pour ainsi dire, l'étourdissement de toutes ces Puissances au bruit que fait

GALERIE

sur leurs testes une foule de Renommées, qui partent avec précipitation pour aller publier par toute la Terre les prodigieuses Conquestes du Roy.

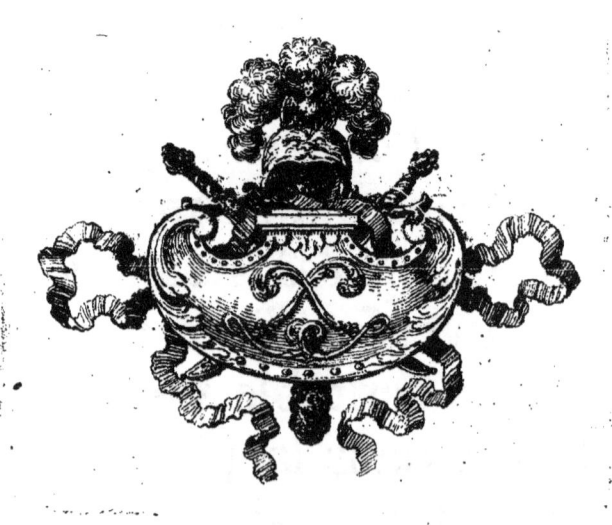

VII.

VII. TABLEAU.

La Franche-Comté conquise pour la seconde fois. 1674.

Il est à costé du grand Tableau, au dessus des miroirs.

LE Roy avoit déja conquis cette Province au commencement de l'année 1668: mais il la rendit aussi-tost aux Espagnols, pour satisfaire à sa parole. Six ans aprés, ces mesmes Espagnols luy ayant declaré la guerre, la premiere chose à quoy il songea, ce fut à reconquerir la Franche-Comté. Il en trouva toutes les Places de nouveau fortifiées, une Citadelle construite à Be-

E

fançon fur un rocher prefque inacceffible & de nombreufes garnifons par tout. La faifon mefme fembla combattre pour les Ennemis. Car jufques bien avant dans le mois de Juin, ce furent des grêles, des neiges, & des pluyes continuelles ; en forte que dans les camps & dans les tranchées, les Soldats eftoient quelquefois dans l'eau jufqu'aux genoux. Mais la prefence du Roy furmonta tous ces obftacles ; & en moins de trois mois il fe rendit maiftre pour la feconde fois de toute cette grande Province, fi importante, & fi neceffaire à la France.

DE VERSAILLES. 35

C'est le sujet de ce Tableau. Le Roy y paroist debout, & l'on voit à ses pieds la Franche-Comté, & toutes ses Villes figurées par des femmes en pleurs, que Mars luy presente. On y voit aussi le Fleuve du Doux, qui coule à Besançon, & qui arrose une bonne partie de la Province. Ce Fleuve a la surprise & la frayeur peintes sur le visage. On remarque dans l'éloignement des Soldats, qui se précipitent du haut des rochers, & d'autres qui fuyent. Cependant un Hercule, symbole de la Force & de la Vertu heroïque, monte sur un Rocher effroyable,

E ij

où Minerve, qui est à costé de luy, semble le conduire; & sur lequel on voit un Lion furieux. Le Lion represente l'Espagne, & le Rocher la Citadelle de Besançon. Le Ciel est entierement couvert de nuages, au travers desquels on entrevoit le signe des Poissons, & les deux signes du Belier & du Taureau, pour désigner les mois, où se fit cette expedition. Les Vents y soufflent un air noir & pluvieux, & l'Hyver, sous la figure d'un Vieillard, y répand à deux mains la grêle, la neige, & les frimats. Les vains efforts que fit l'Allemagne, pour empêcher

DE VERSAILLES. 37
cette conqueste, sont marquez par un grand Aigle effrayé, qui crie & qui bat des aîles sur un arbre sec, à l'un des coins du Tableau. De l'autre costé la Victoire, tenant deux couronnes, attache des armes aux branches d'un palmier : & la Renommée vole en l'air au dessus du Roy avec deux trompettes, pour montrer qu'il a conquis deux fois cette Province. La Gloire, un cercle d'or à la main, paroist plus haut prés d'un nuage, qui ne sert qu'à la rendre plus brillante, & à faire rejaillir sur le Vainqueur l'éclat dont elle est environnée.

VIII. TABLEAU. Il occupe toute la voute.

Prise de la Ville & de la Citadelle de Gand en six jours. 1678.

LA noblesse de l'expression répond dans ce Tableau à la grandeur du sujet, qui y est traité. On sçait avec quelle promptitude, & par quelle conduite merveilleuse le Roy se rendit maistre de Gand, lors qu'au milieu de l'hyver, ayant pris sa marche par la Lorraine, pour mieux couvrir ses desseins, il parut tout à coup devant cette grande Ville, où soixante mille hommes étoient arrivez par des routes differentes, & qu'ils venoient d'investir. Comme cet exploit tient quelque chose de la foudre, on l'a figuré par cet emblême. Le Roy y paroist tenant la foudre dans la main droite, & le bouclier de l'Egide dans la gauche. Il est porté par un Aigle sur une grosse nuée, entre-coupée de sillons de flamme. La Terreur le devance; la Vigilance & le Secret marchent à ses costez, & la Gloire vole au dessus de luy. La Flandre est representée sous la figure d'une femme, qui tombe d'effroy. Elle est couverte d'un voile noir depuis

puis la teste jusqu'aux pieds, à la maniere des femmes du païs; & prés d'elle est la ville de Gand en pleurs, figurée, ainsi qu'en l'écusson de ses armes, par une jeune Fille assise dans une espece de parc d'ozier, sur les genoux de laquelle un Lion met les pates de devant. Son Parc est brisé en plusieurs endroits, & elle tient des clefs, que Minerve d'une main luy arrache, tandis que de l'autre elle luy enleve ce fameux Etendart, sous lequel cette Ville mettoit autrefois jusqu'à soixante mille hommes en campagne. Au bas du Tableau, & sous le nuage paroist un Char de triomphe, où sont attachées plusieurs autres Villes conquises, & qu'on voit representées par des Femmes, qui portent des boucliers, où leurs noms sont écrits. Mars dans le lointain chasse la Discorde, l'Envie, & la Fureur; pour montrer que ce fut la prise de Gand, qui força les Ennemis à faire la Paix.

On apperçoit dans l'autre partie du Tableau les prodigieux effets que produisit cette Conqueste, qui acheva d'étonner les Ennemis, rompit toutes leurs mesures, & déconcerta toute la politique de la Maison d'Autriche. Le premier de ces effets est marqué par un Homme ébloüi, qui met la main devant ses yeux. Le second, par une Femme, qui a prés d'elle un compas démonté, & une regle rompuë; & le troisiéme par une autre Femme armée, & revestuë d'un manteau de pourpre: elle a à ses pieds un Léopard, & le fameux livre de Machiavel, symboles de la cruauté & des dangereuses maximes de la politique Espagnole. Cette Femme paroist tomber sur un Lion, qui baisse la teste, pour figurer l'abaissement où l'Espagne estoit alors. Enfin le mauvais estat de ses armées & de ses Places est exprimé par des Soldats qui fuyent, & par un Chasteau foudroyé. On voit aussi ces deux fameuses Colonnes, qu'Hercule planta autrefois à l'extremité de l'Espagne & de nostre Continent. Pour les mieux faire reconnoistre, on y a mis cette Inscription fastueuse de Charles-quint ; *Plus ultra.* Elles sont representées panchantes, & prestes à tomber ; image allegorique de l'estat dangereux & chancelant, où les Espagnols se trouverent à la fin de cette Campagne.

Cette seconde partie du Tableau a pour Inscription ; *Les mesures des Espagnols rompuës par la prise de Gand.*

IX. TABLEAU.

La Hollande accepte la Paix, & se détache de l'Allemagne & de l'Espagne. 1678.

Il est au fond de la Galerie sur la porte du Salon de la Paix.

APrés avoir representé dans un des bouts de la Galerie la Ligue que fit la Hollande avec l'Allemagne & avec l'Espagne ; On a voulu faire voir icy, dans l'extremité opposée, de quelle maniere ces trois Puissances se desunirent, & receurent tour à tour la loy du Vainqueur. On les revoit donc dans ce Tableau avec leurs mesmes visages & leurs mesmes symboles, mais fort changées d'air & de contenance. La Hollande, qui s'étoit trouvée la premiere embarquée dans la guerre, & qui y avoit embarqué les deux autres, est la premiere à se détacher de ses Compagnes, pour courir au devant de Mercure & de la Paix, qui descendent du Ciel. Mercure tient une branche d'olivier à la main; & la Paix est avec les Jeux & les Plaisirs figurez par de jeunes Enfans, qui répandent des fleurs. On reconnoist assez le dépit que ressent l'Allemagne de cette démarche de la Hollande, que l'Aigle de l'Empire s'efforce en vain de retenir par la robe. L'Allemagne est assise sur un nuage fort délié, symbole du foible estat où elle se trouvoit alors, aussi-bien que l'Espagne, qui ne sçait dans cette conjoncture que s'attacher fortement à elle, comme à son unique appui. Leur déplaisir est peint sur leurs visages. On voit bien pourtant qu'elles ne tarderont gueres à suivre l'exemple de la Hollande ; quelque esperance que leur veüille faire concevoir la Vanité, representée icy par une femme couronnée de plumes de Paon, qui leur montre dans l'éloignement un grand nombre de Soldats & de Vaisseaux, comme autant de nouvelles ressources. Elles achevent de se déterminer à la Paix au bruit que fait une Renommée au dessus de leur teste, & à l'aspect de cet Antre, où se fabriquoient auparavant leurs armes, qui paroist foudroyé, à l'un des coins du Tableau.

EXPLICATION
DES PETITS
TABLEAUX
DE LA GALERIE
DE VERSAILLES.

A pluspart des sujets de ces Tableaux sont tirez des grandes choses que le Roy a faites au dedans de son Royaume, depuis qu'il

G

en a pris en main le gouvernement. On les a rangez entre les grands Tableaux dans l'Architecture feinte; six au Bandeau de la Voûte, peints de couleur de lapis à fond d'or, en maniere de bas-reliefs, dans des bordures à huit pans; les douze autres sur les Retombées, chacun entre deux Termes de bronze rehauffée d'or, qui portent un Fronton enrichi d'Enfans, de Masques, de Festons, & de Corbeilles de fleurs & de fruits. Ces derniers sont ovales, de differentes grandeurs, & ont aussi leurs Inscriptions; les uns au dessus, dans des Cartouches; les autres au deſſous, dans des Boucliers attachez avec des Feſtons au Pié-d'eſtal. L'Allegorie, que l'on vient de voir ſi ingenieuſement employée dans les grands Tableaux, regne encore dans tous ceux-cy ; & on a ſuivi en cela l'exemple des Anciens, qui pour jetter plus de merveilleux dans la Poëſie & dans la Peinture, n'ont point trouvé de meilleur moyen, que d'y mêler par tout des Perſonnages allegoriques.

DE VERSAILLES. 53

PREMIER
TABLEAU.

Il est à la cle de la voûte.

Soulagement du Peuple pendant la famine, 1662.

CEtte femme aîlée, à qui l'on voit une flamme sur le haut de la teste, & qui, tenant d'une main une corne d'abondance, distribuë de l'autre du pain à des personnes à genoux, represente la Pieté du Roy, & la tendresse qu'il témoigna pour ses Peuples, lors qu'en l'année 1662. la France estant menacée d'une grande famine, il fit venir du bled des

G iij

GALERIE

Païs étrangers, pour le soulagement de ceux qui estoient dans l'indigence.

II. TABLEAU.

Il est du costé des miroirs.

La Hollande secouruë contre l'Evesque de Munster, 1665.

LEs Hollandois, attaquez sur mer par les Anglois, ayant jetté dans leurs vaisseaux tout ce qu'ils avoient de troupes, se voyoient hors d'état de resister à l'Evéque de Munster, qui dans ce mesme temps estoit entré avec prés de vingt mille hommes dans leur Païs, où il mettoit tout à feu & à sang. Mais le Roy, en execution du Traité de garentie qu'il avoit fait avec les

Estats, leur ayant envoyé un secours de six mille hommes, cet Evéque fut rechassé dans son Diocese, & obligé deux mois aprés de faire la paix, en restituant aux Hollandois toutes les Places qu'il leur avoit prises. C'est ce que le Peintre a voulu exprimer icy. La France, portée sur un nuage les armes à la main, se jette entre ces deux Puissances, figurées par deux especes d'Amazones attachées au combat l'une contre l'autre; & prenant le party de la Hollande, qui paroist la plus foible, luy donne l'avantage sur son ennemie.

III.

III. TABLEAU.

Il est du costé des fenestres.

Reparation de l'attentat des Corses, 1664.

LEs Corses de la garde du Pape ayant osé insulter l'Ambassadeur de France de la maniere que chacun sçait, on convint, pour reparer cet attentat, que le Pape envoiroit en France le Cardinal Chigi son Neveu, avec la qualité de Legat *à latere*; Que les Corses seroient chassez, non seulement de Rome, mais de tout l'Estat Ecclesiastique, & la Nation declarée incapable de ser-

H

vir jamais le Saint Siege. Enfin qu'il seroit dressé dans Rome une Piramide, où le Decret de leur condamnation seroit gravé. Deux figures expriment icy cette reparation. La France déploye un papier, où est le dessein d'une Piramide: & Rome, avec un air soûmis devant elle, semble accepter les conditions, qui luy sont offertes.

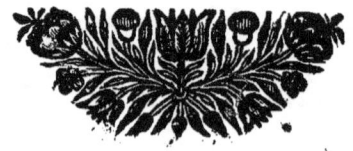

IV. TABLEAU.

La fureur des Duels arreſtée.

Il eſt à la clef de la voûte.

IL y avoit long-temps que l'on travailloit en France à empêcher les Duels. Mais il n'y avoit pas eu moyen d'en venir à bout; & l'on voyoit tous les jours de funeſtes effets de cette licence effrenée, lors que le Roy reſolut d'interpoſer toute ſon autorité pour en arrêter le cours. Ce ſage Prince a eſté en cela plus heureux que ſes Predeceſſeurs. La ſeverité de ſes Edits, & le ſoin qu'il a pris de les faire executer, ont fait cesser pour jamais ces combats criminels, en fermant toutes les voies à l'esperance de l'impunité; de sorte que le veritable point d'honneur ne consiste presentement qu'à luy obeïr. On voit donc icy la Justice, avec une épée & des balances, separer d'une main des hommes qui se battent, & les menacer de l'autre en mesme temps : comme pour leur faire entendre qu'il y a des voyes, établies par le Prince, pour tirer raison des injures que l'on a receuës; & qu'il sçait punir ceux, qui au mépris de ses loix, veulent exercer eux-mesmes leur vengeance.

V. TABLEAU.

Il est du costé des miroirs.

Defaite des Turcs en Hongrie par les Troupes du Roy, 1664.

LEs Turcs, estant entrez dans la Hongrie avec une armée de plus de soixante mille hommes, s'estoient avancez jusques sur le bord du Raab: déja mesme dix mille Janissaires l'avoient passé, & avoient taillé en pieces, ou mis en fuite, toute l'armée de l'Empire. Mais deux mille François, faisant partie d'un corps de six mille hommes que le Roy avoit envoyez au secours de l'Empereur, attaquerent si vigoureusement ces Infideles dans leurs retranchemens, qu'ils les renverserent dans le fleuve. Tellement que le grand Visir, ayant perdu dans ce combat ses meilleures Troupes, fut obligé de se retirer dés le lendemain, & de faire mesme la paix au bout de six semaines. Voicy de quelle maniere on a figuré cet évenement. La France est representée l'épée à la main, comme venant de renverser des Turcs, qui sont à ses pieds sur le devant du Tableau. Elle avance son bouclier pour soûtenir l'Aigle de l'Empire qui chancelle, & qui semble en effet avoir besoin de cet appuy.

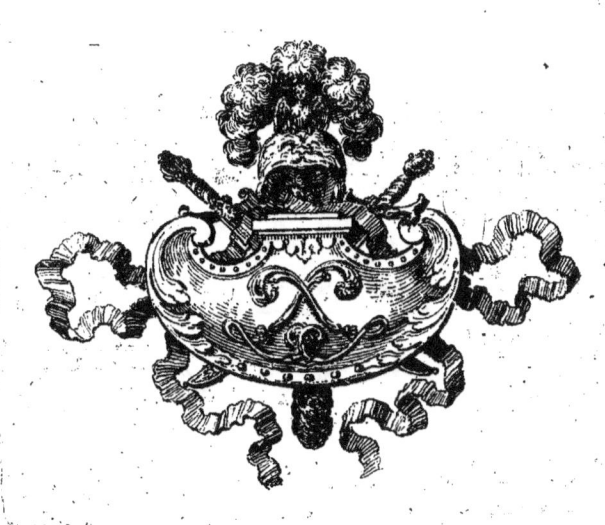

Il est du costé des fenestres.

VI. TABLEAU.

La Prééminence de la France, reconnuë par l'Espagne, 1662.

LE Baron de Batteville, Ambassadeur d'Espagne auprés du Roy d'Angleterre, ayant osé disputer le pas à l'Ambassadeur de France, & fait passer à main armée son carrosse devant celuy du Comte d'Estrades dans une ceremonie publique, on croyoit qu'on alloit voir la guerre rallumée entre la France & l'Espagne. Mais les Espagnols accorderent promptement toutes

tes les satisfactions qu'on exigea d'eux. Batteville fut revoqué de son Ambassade, & chassé de la Cour, & le Marquis de la Fuente, estant venu en France en qualité d'Ambassadeur extraordinaire, eut ordre de déclarer entre autres choses à sa Majesté en présence du Nonce & d'un grand nombre d'Ambassadeurs & d'autres Ministres Etrangers, que le Roy Catholique avoit eu un extrême déplaisir de ce qui s'estoit passé à Londres, & qu'il avoit mesme fait défenses expresses à tous ses Ambassadeurs de concourir jamais avec ceux de France. Cette satisfaction est ainsi exprimée. La France & l'Espagne sont representées à l'ordinaire par deux Femmes, la premiere avec une majesté mêlée d'un peu de ressentiment; l'autre avec un air soûmis. Le Lion d'Espagne se couche aux pieds de la France; & la Justice est derriere elle, qui tient ses balances dans l'équilibre, pour montrer qu'elle a présidé à cette déference des Espagnols.

VII. TABLEAU.

Il est à la clef de la voûte.

Guerre contre l'Espagne pour les droits de la Reine, 1667.

CE Tableau n'est pas tant une peinture de la premiere guerre contre les Espagnols, que de la resolution qui fut prise de les attaquer, sur le refus qu'ils firent de ceder au Roy les Provinces, qui appartenoient à la Reine son Epouse, aprés la mort du Roy d'Espagne. Le Roy est debout, & comme prest à marcher. La Justice & l'Hymenée, qui luy tiennent compagnie, font voir qu'il ne demande rien que de legitime, & que son mariage est son titre. Mars le précede sur un nuage, comme pour signifier que la Guerre est l'unique moyen de tirer raison des Espagnols. La Renommée vole aussi devant ce Prince, & les papiers qu'elle tient, representent les Manifestes, qui furent publiez en ce temps-là pour la défense des droits de la Reine.

VIII. TABLEAU. *Il est du costé des miroirs.*

Rétablissement de la Navigation,
1663.

LE Peintre, voulant exprimer ce que le Roy a fait pour rétablir la Marine & la Navigation depuis long-temps négligées dans son Royaume, a représenté ce Prince un Trident à la main. Un Marinier transporte devant luy des marchandises sur des Vaisseaux, qui sont au Port; l'Abondance est derriere son Trône; & des Corsaires Turcs sont à ses pieds, trois circonstances qui marquent trois choses, les Societez établies pour le commerce des Indes; les Richesses que la Navigation a apportées dans le Royaume, & la Mer renduë libre par la défaite des Pirates.

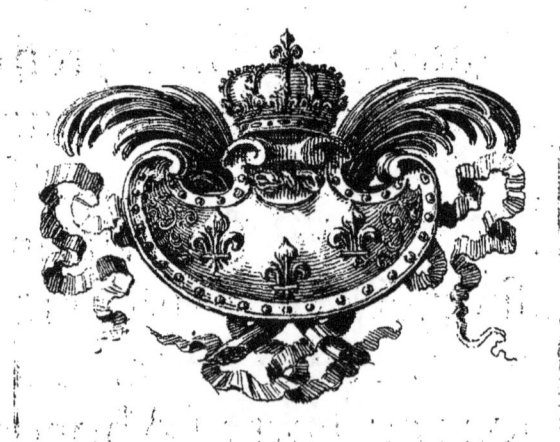

IX. TABLEAU.

Reformation de la Iuſtice, 1667.

Il eſt du coſté des feneſtres.

LE ſujet de ce Tableau eſt l'Ordonnance de l'année 1667. qui contient les ſages Reglemens faits pour le retranchement des procedures inutiles, que la malice des plaideurs avoit inventées, & qui rendoient les affaires immortelles. Le Roy eſt repreſenté ſur ſon Trône, le Sceptre à la main, donnant le livre de ſes Ordonnances à des Juges, qui ſont debout devant luy. La Justice à ses costez tient d'une main des balances, & de l'autre un faisseau de verges, symbole de l'autorité Souveraine : & la Chicane, figurée par une vieille Femme seche & hideuse, est renversée sous le Trône, où elle devore des sacs de papiers, comme le seu bien qui luy reste.

X.

X. TABLEAU.

Il est à la clef de la voûte.

Paix faite à Aix-la-Chapelle, 1668.

LA Guerre, qui avoit esté entreprise pour les Droits de la Reine, se termina par la Paix d'Aix-la-Chapelle, où le Roy, se reservant les Places qu'il avoit conquises dans les Païs-bas, voulut bien rendre la Franche-Comté, & se contenter de la gloire d'avoir subjugué cette grande Province en moins d'un mois. On voit par là que le Peintre a eu raison de placer ce Tableau immediatement aprés celuy de la premiere guerre contre les Espagnols. Le Roy est debout offrant une branche d'olivier à l'Espagne, qui semble la recevoir avec empressement. La Franche-Comté, déja toute dévoüée à la France, paroist de l'autre costé sous la figure d'une Femme à genoux, & affligée de ce que son bon-heur dure si peu. La Victoire est en l'air au dessus du Roy qu'elle couronne de fleurs; & la Renommée vole devant luy, pour faire entendre par tout la nouvelle d'une Paix si necessaire à toute l'Europe.

XI. TABLEAU.

Il est du costé des miroirs.

L'Ordre rétabli dans les Finances,
1662.

LOrs que le Roy prit la conduite de son Royaume, sa premiere occupation fut de pourvoir à l'administration de ses Finances, & de reformer les abus qui s'y estoient glissez, comme la Peinture l'explique icy à sa maniere. Ce Prince, à qui la France vient de remettre le gouvernail entre les mains, semble écouter les plaintes qu'elle luy fait de la dissipation des choses les plus

K ij

necessaires à l'Estat; & Minerve, representant la sagesse du Roy, poursuit, l'épée à la main, des Harpies qui s'envolent, & qui laissent tomber des sacs pleins d'argent, qu'elles vouloient emporter : vray symbole des poursuites, qui furent faites en ce temps-là contre ceux, qui s'estoient enrichis par des voyes injustes, aux dépens du Roy & du Public. Le Roy tient une clef d'or, pour faire connoistre qu'il veut estre luy-mesme le dispensateur de ses tresors; & la Fidelité paroist sur le devant du Tableau, un Livre de comptes, & une Regle à la main, comme pour montrer qu'elle va prendre la place de l'Avarice.

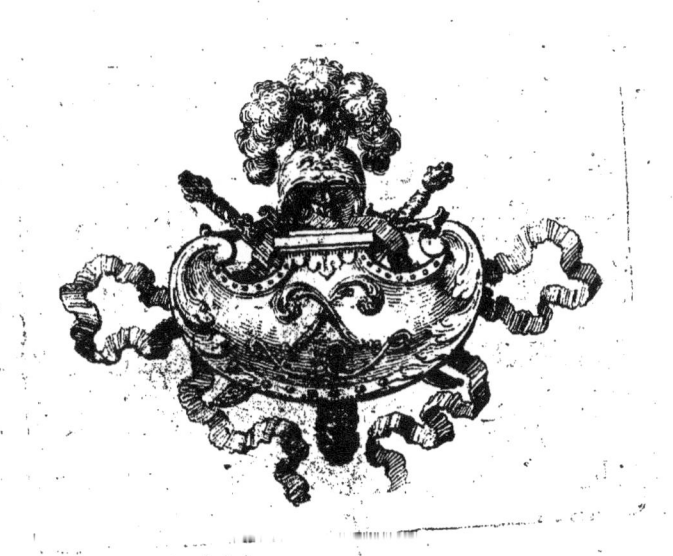

Il est du costé des fenestres.

XII. TABLEAU.

Protection accordée aux beaux Arts, 1663.

LEs bien-faits du Roy se sont répandus généralement sur tout ce qu'il y a de Génies un peu élevez au dessus des autres, en quelque profession que ce soit. Aussi voit-on les beaux Arts fleurir dans ses Estats, & se perfectionner de jour en jour. La Peinture, qui est si redevable à ce Grand Prince, ne pouvoit pas oublier un si bel endroit de son Regne, & voicy de quelle façon elle l'a traité. Le Roy est assis, & Minerve est debout à costé du Trône. L'Eloquence se prosterne devant luy, & semble prendre la parole pour le remercier de cette glorieuse protection qu'il a si généreusement accordée aux Sciences & aux beaux Arts, que l'on voit derriere elle, & qui viennent en foule rendre hommage à leur illustre Bienfacteur.

GALERIE

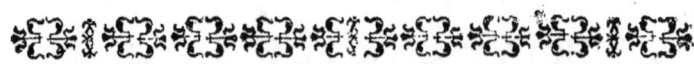

l est à la clef de la voûte.

XIII. TABLEAU.

Acquisition de Dunkerque, 1662.

ON voit dans ce bas-Relief la France assise sur un Trône, & l'Angleterre devant elle recevant de l'argent, qu'elle fait mettre dans des coffres. C'est la Pieté du Prince, qui le distribuë, pour faire connoître combien elle a eu de part à cette acquisition, à laquelle le Roy a esté particulierement porté par le déplaisir qu'il avoit de voir une Ville Catholique sous une Puissance opposée à la Religion qu'il professe. Cette Ville

Ville est à genoux, & présente ses clefs à la France, qui luy tend la main, & qui semble la retirer des bras de l'Heresie, peinte au mesme endroit avec un bandeau sur les yeux, & des livres en confusion autour d'elle, pour marquer & son aveuglement, & le peu d'ordre qu'il y a dans sa doctrine.

Il est du costé des miroirs.

XIV. TABLEAU.

Etablissement de l'Hôtel Royal des Invalides, 1674.

LE Roy ne pouvoit rien faire de plus grand, ny qui fust plus digne de luy, que d'asseurer une retraite à ceux qui ont esté, pour ainsi dire, les Compagnons de ses Victoires, & que leur âge, ou leurs blessûres ont mis hors d'estat de le pouvoir servir plus long-temps. Il leur a donc fait bâtir une maison magnifique aux portes de la Capitale de son Royaume, & à la veuë mesme du

Louvre. C'est-là que ces vaillans Hommes & tous ceux qui à l'avenir auront, comme eux vieilly dans la guerre ou perdu quelqu'un de leurs membres en combattant pour l'Estat, doivent estre nourris & entretenus tout le reste de leurs jours. C'est ce que le Peintre a voulu exprimer dans ce Tableau. La Pieté du Prince, assise sur un Trône, donne un collier de saint Lazare à un Officier. Elle a auprés d'elle une corne d'abondance, d'où il sort des fruits & des pieces d'or & d'argent; & Minerve, Deesse des beaux Arts, luy montre le plan du superbe Edifice des Invalides.

XV. TABLEAU.

Il est du costé des fenestres.

Ambaßades envoyées des extremitez de la terre.

SI la magnificence & la bonté du Roy éclatent dans le Tableau précedent, sa gloire ne paroist pas moins dans celuy-cy. L'on peut mesme dire que rien n'en donne une plus haute idée, que ces hommages solemnels que les Nations les plus éloignées luy ont rendus, & luy rendent encore tous les jours par leurs Ambaſſadeurs, bien moins pour aucun interest d'estat ny de politique, que

DE VERSAILLES.
pour avoir quelque part à l'amitié de ce Prince, & afin de s'inſtruire par elles-meſmes des merveilles de ſon Regne auguſte. Le Grand Seigneur, le Roy de Maroc, & le Grand Duc de Moſcovie ont montré l'exemple aux autres Puiſſances de l'Aſie & de l'Afrique. On reconnoiſt ici leurs Ambaſſadeurs, & le Peintre a heureuſement exprimé ſur des viſages tout differens, un meſme ſentiment de reſpect & de veneration pour la Majeſté de la France, & pour la Grandeur de ſon Monarque.

XVI. TABLEAU.

Il est à la clef de la voûte.

La Police & la seureté rétablies dans Paris, 1665.

C'Est encore icy une de ces choses que l'on avoit inutilement tentées sous les Regnes précedens, & qu'on ne peut assez loüer en celuy-cy. Les vols & les brigandages regnoient dans Paris depuis long-temps ; & il sembloit impossible d'y remedier, en une Ville si étenduë, si peuplée, & où l'on aborde à toute heure de tous les endroits du monde. Cependant cela a esté heureusement éxecuté de nos jours. Paris joüit aujourd'huy, au dedans & au dehors, d'une aussi grande tranquillité que toutes les autres Villes du Royaume; & c'est ce que l'on a voulu faire voir dans ce bas-Relief. La Seureté y est representée assise à costé de la Justice. Elle tient une bourse ouverte, & elle s'appuie sur un faisseau de verges, pour montrer qu'elle se soûtient principalement sur l'autorité des Magistrats. L'on voit dans l'éloignement des Soldats qui font le guet, & d'autres qui poursuivent des voleurs.

Il est du costé des miroirs.

XVII. TABLEAU.

Renouvellement d'Alliance avec les Suisses, 1663.

CEtte Alliance, qui a commencé sous Loüis XI. s'est ainsi renouvellée de temps en temps. Les Suisses envoyerent pour ce sujet en l'année 1663. une celebre Ambassade en France, & cette ceremonie, qui ne s'estoit point vûë depuis l'année 1602. sous le Regne d'Henry IV. se fit avec de grandes solemnitez dans l'Eglise de Paris, où le Roy, & les Ambassadeurs des Cantons

DE VERSAILLES.

tons renouvellerent leurs fermens au pied des Autels. On en revoit une image dans ce Tableau. La France, couverte d'un manteau Royal, tend la main à ces anciens Alliez de la Couronne, qui font paroistre sur leurs visages combien ils sont sensibles à l'honneur qu'ils reçoivent.

Il est du costé des fenestres.

XVIII. TABLEAU.

Ionction des deux Mers.

L'Execution de ce grand dessein est figurée par cet Emblême. Neptune & Thétis se donnent la main, l'un representant l'Ocean, l'autre la mer Mediterranée. Neptune a une Baleine auprés de luy, parce qu'il ne se trouve des baleines que dans l'Ocean, & l'on voit un Dauphin prés de Thétis, parce que la Mediterranée est pleine de dauphins. Cette Mer est encore désignée par une rame, qui eſt le ſymbole de la navigation, qui luy convient le mieux. Sous le regne de Charlemagne on tenta inutilement une pareille jonction par le Rhin & par le Danube. François premier la voulut faire en France, au meſme endroit où on l'a faite aujourd'huy ; mais ſon travail fut bien-toſt interrompu, & l'exécution en eſtoit reſervée au ſiecle de Loüis le Grand.

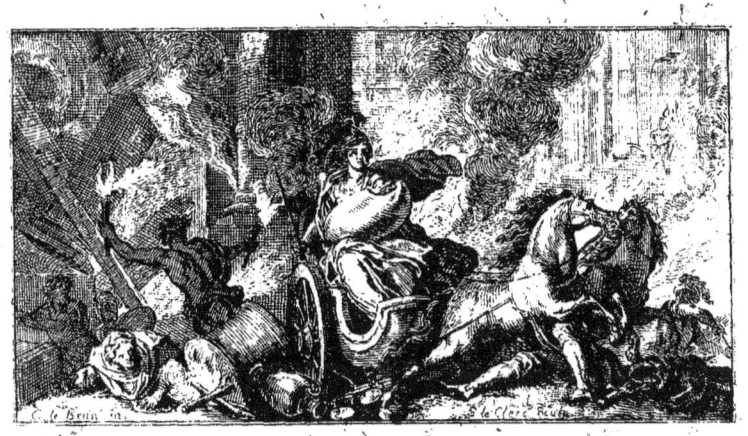

EXPLICATION
DES
TABLEAUX
DU SALLON
DE LA GUERRE.

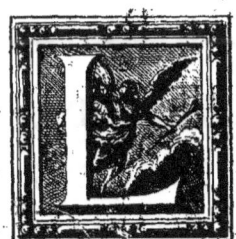ES deux Sallons font quarrez sur la largeur de la Galerie, & de mesme décoration, éclairez chacun de six Croisées en retour, &

M iij

ornez de quatre Portes, dont il y en a trois remplies de glaces de miroirs.

Dans le Sallon de la Guerre les ornemens de la Frife font des Trophées, des Foudres & des Boucliers. Il y a quatre grands Trophées de métal doré fur les Portes, au deffous defquels des Mafques & des Feftons differens reprefentent les quatre faifons de l'année, pour montrer que le Roy a fait la guerre en tout temps. Cinq Tableaux, dans de riches bordures de lauriers & de palmes, occupent toute la voûte, un dans la Coupe au haut

DE VERSAILLES. 95
du Sallon, & les quatre autres dans les cintres. On a mis dans les angles, entre deux Trophées en relief de ſtuc doré, des Globes avec les Armes & la Couronne de France; & au deſſus on a peint des Enfans, qui ſonnent de la trompette, & qui ſoûtiennent des Cartouches à fond vert rehauſſé d'or, ornez de la deviſe du Roy.

Dans la Coupe de ce Sallon, la France eſt peinte ſur un nuage, tenant d'une main la foudre, & de l'autre un bouclier ſur lequel eſt l'Image du Roy; pour faire entendre que c'eſt luy qui la rend victorieuse de ses ennemis, & qui la met à couvert de leurs efforts. Elle est environnée d'un cercle de Victoires, qui marquent chacune quelqu'un des grands succés des dernieres guerres; mais particulierement les avantages remportez sur l'Allemagne. Les unes tiennent des Tableaux, où sont peints la pluspart de ces succés, avec des Inscriptions qui les font connoiſtre. Les autres portent comme en triomphe des Etendars, où sont les armes de Brandebourg, de Luxembourg, & de Lorraine. Celle-cy tient une couronne de laurier

rier & des palmes. Celle-là porte un trophée, & par celle qu'on voit tranquillement affise fur des armes, avec l'écuffon de Strafbourg, on a voulu marquer la prife de cette Ville, & on luy a mis une branche d'olivier à la main, pour montrer la maniere paifible dont Strafbourg fut reduite. Le cercle finit par une Victoire, qui paroift chargée de la dépoüille d'un des Chefs des ennemis.

Sur le Cintre oppofé aux appartemens du Roy, on a reprefenté Bellone en fureur, dans un Char traîné par des chevaux fougueux, qui foulent aux pieds des armes & des hommes. Elle est precedée de la Rebellion, exprimée par un Soldat menaçant, qui éleve une pique; & derriere elle, est la Discorde, qui, avec des flambeaux allumez, met le feu à des Temples & à des Palais. On voit à ses pieds la Balance de Themis, les Vases sacrez, les Autels, & le feu du sacrifice renversez avec la Religion. La Charité s'enfuit tenant un enfant entre ses bras; & la terreur que la guerre répand par tout, est figurée par des hommes effrayez.

On a placé dans les trois autres faces du Sallon de la Guerre les trois Puiſſances, qui s'étoient liguées contre la France. L'Allemagne ſur le cintre oppoſé à celuy du Tableau precedent, ſe couvre de ſon bouclier, & l'épée à la main ſe met en devoir de défendre la Couronne Imperiale qu'elle a auprés d'elle; mais l'épouvante la prend à l'aſpect d'un des Tableaux, que tiennent les Victoires, où elle voit les Allemans repaſſer en foule le Pont de Straſbourg: & ſa frayeur ſe communique à ſon Aigle, qui a auſſi les yeux tournez vers ce Tableau. Un Soldat éleve l'Etendart de l'Empire autour duquel des Trompettes sonnent l'allarme, comme pour assembler des troupes. Un autre Soldat s'efforce de fraper avec sa pique; & il y en a qui fuyent, & d'autres qui sont morts, ou renversez sous des canons, pour montrer les vains efforts que fit l'Allemagne dans les dernieres guerres, la perte de ses soldats, & la fuite de ses armées.

Au dessus des fenestres opposées à la Galerie, on voit l'Espagne qui tient avec les deux mains une pique, dont elle menace la France; & son Lion se dresse en rugissant. Mais on remarque aisément la foiblesse de cette Monarchie à l'étonnement & à la fuite de ses Soldats, entre lesquels celuy qui porte le Guidon de Castille, paroist terrassé d'un coup de foudre. Plusieurs Etendars de differentes couleurs, expriment les diverses Puissances, qui secoururent l'Espagne; & pour marquer la resistance que firent quelques-unes de ses Places fortes, on a mis sur le devant un Mortier, & dans le lointain des Forteresses, qui font feu de toutes parts.

La Hollande est peinte sur l'Arcade de la Galerie, dans

l'endroit le plus exposé aux éclats de tonnerre, qui partent du Tableau de la Coupe. Elle se couvre en vain de son bouclier. Un de ces éclats la renverse sur son Lion, qui d'effroy laisse échaper de ses ongles la plus grande partie de ses fléches. Un Soldat paroist à moitié dans l'eau sur le devant, avec l'Etendart de Hollande. Prés de luy, sur un vaisseau renversé, dont les marchandises & l'équipage tombent dans la mer, on en découvre un autre tenant son bouclier & un sabre, dont il menace aussi la France, qui le foudroye; & de l'autre costé

DE VERSAILLES. 103
on remarque plusieurs vaisseaux en feu, & des hommes épouvantez : figure assez naturelle du déplorable estat où la Hollande a esté reduite, pendant la guerre de la perte de son commerce & de ses forces; & de la necessité où elle se trouva de s'inonder.

EXPLI-

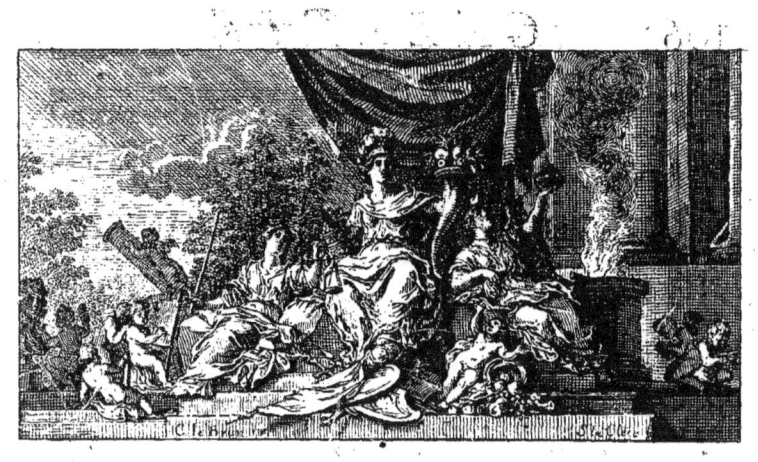

EXPLICATION
DES
TABLEAUX
DU SALLON
DE LA PAIX.

U lieu des Trophées, des Boucliers & des Foudres, qui ornent la Corniche du Sallon de la Guerre, ce sont en celuy-cy des

O

Branches d'olivier, des Epics de bled, des Bouquets & des Couronnes de fleurs. Sur les quatre Portes on a mis, pour couronnement, des Vases avec des Enfans, qui soûtiennent des Festons, & des Trophées de Musique; & au dessous, des Testes de Muses, avec les Instrumens des Arts liberaux. Les bordures des Tableaux de la voûte sont des tissus de fleurs & de fruits environnez de branches d'olivier ; & dans chacun des angles est une Lyre, & une Couronne de France dessus, entre deux Caducées, avec deux Cornes d'Abondance. Plus haut, dans des Cartouches soûtenus par des Amours, qui tiennent des Sceptres & des Couronnes, on a peint les Armes de France entourées de Festons de fleurs & de fruits.

La France paroist à la Coupe de ce Sallon, assise sur un globe, dans un Char porté sur un nuage. La Gloire est un peu au dessus, qui la couronne du Cercle de l'immortalité: & la Paix se présente à elle, le Caducée à la main, pour recevoir ses ordres. De l'autre côté l'Abondance tire des festons, d'une corbeille qu'un Amour soûtient, pendant que deux autres petits Amours assemblent sous le joug chacun deux Tourterelles, attachées au Char. Elles ont des Medailles penduës au cou, en l'une desquelles sont les armes de France & de Baviere, & en l'autre les Armes de France & de Castille, pour désigner le mariage de Monseigneur le Dauphin avec la Princesse de Baviere, & celuy de Mademoiselle avec le Roy d'Espagne. Le mariage de Mademoiselle d'Orleans avec le Duc de Savoye est figuré par un autre Amour, tenant aussi deux Tourterelles assemblées, qu'il vient mettre sous un troisiéme joug, & qui portent sur des medailles les armes de France & de Savoye. L'Hymenée, accompagné des Graces auprés du Char, attache à son flambeau des Festons de fleurs, qui tiennent au joug des Tourterelles. L'Allegresse publique, sous la figure d'une agreable Bacchante, joüant des castagnettes & d'un tambour de basque, se fait remarquer plus bas avec l'Amour du plaisir, qui joüe d'une cimbale antique. La Concorde couronnée de fleurs, poursuit la Discorde, qui trébuche avec l'Envie. La Religion accompagnée de l'Innocence, brûle de l'encens sur un Autel, au bas duquel on voit l'Hérefie renverfée avec son masque & ses livres : & la Magnificence est figurée par une Femme, aux pieds de qui l'on apperçoit les Inftrumens des Arts parmy des Cornes d'Abondance, d'où fortent des Sceptres & des Couronnes, avec des fleurs & des fruits. Elle montre à la France de fuperbes plans d'édifices.

L'Europe Chreftienne en paix eft le fujet du Tableau de deffus les appartemens de la Reine. Elle eft reprefentée affife, tenant une Corne d'Abondance & une Thiare; & les dépoüilles de l'Empire Ottoman sont à ses pieds, pour montrer que c'est la paix que la France luy a donnée qui l'a mise en estat de triompher des Infideles. D'un costé la Justice l'accompagne avec une étoile sur la teste, symbole de son origine; & l'on voit le rétablissement des Arts representé par un grand nombre de jeunes Enfans, qui s'occupent à differens exercices que les troubles avoient interrompus. De l'autre costé, pour exprimer que les profanations de la guerre sont cessées, on a peint la Pieté, qui éleve une cassolette vers le Ciel, & qui presente à un Enfant une bourse ouverte. Un autre Enfant à genoux, au pied d'un Autel antique, marque le zele de la Religion; & l'on découvre un Temple dans le lointain sous de grands arbres, image de la désolation des Monasteres, que la guerre avoit rendu deserts, & que la paix a repeuplez.

Au dessus des fenestres opposées à la Galerie, l'Allemagne appuyée sur un globe, regarde la Religion, qui est dans la Coupe, & tend la main en mesme temps à un jeune Enfant,

fant, qui luy apporte une branche d'olivier en signe de paix, & une branche de laurier pour les victoires qu'elle a remportées sur les Infideles. Ses Peuples remercient le Ciel de ces deux presens, & luy offrent en sacrifice les dépoüilles des Turcs. Il y en a un Trophée élevé dans un des coins du Tableau; & prés de là est un jeune Soldat, qui tient le celebre Etendard de Mahomet, gagné par le Roy de Pologne. De l'autre costé, prés de l'Aigle de l'Empire, deux Enfans apportent d'autres dépoüilles; & le contentement de cette Nation est exprimé
P

par un autre Enfant, qui tient un verre plein de vin, & par des Hommes & des Femmes à table, qui levent leurs gobelets aux fanfares des trompettes & des musettes, & au bruit de l'artillerie, & des feux d'artifice. On voit encore d'autres Genies qui se joüent avec des armes, & qui en jettent dans le feu.

L'Espagne est representée à genoux, dans le Tableau de dessus l'entrée de la Galerie, levant les yeux & les mains au Ciel, d'où elle reçoit aussi une branche d'olivier qu'un Amour luy presente. Son Lion est tranquille auprés d'elle, & des Enfans attisent un grand feu, dans lequel ils jettent des Armes & des Etendars. La joye de l'Espagne est exprimée par des danses, & par des feux d'artifice. Un Enfant, à demy couché sur un canon, chante au son de la guitare; & un autre se jouë avec des armes, qui sont par terre, parmy des instrumens de musique.

Dans le milieu du Tableau, qui est opposé aux appartemens de la Reine, la Hollande à genoux reçoit sur son bouclier des fléches qu'un Amour luy apporte, avec des branches d'olivier, symbole des Provinces que le Roy avoit conquises sur elle, & de la Paix qu'il luy a donnée. Son Lion, avec lequel deux Enfans se joüent, paroist dépoüillé de tout ce qu'il avoit de farouche. Ses Magistrats à genoux rendent graces au Ciel; & le rétablissement de son commerce est marqué par ses Peuples, qu'on voit occupez ou à construire, ou à équiper des vaisseaux, & à les charger de marchandises.

VOila un leger crayon des Peintures de la Galerie de Versailles, & de ses deux Sallons.

lons. L'ordre qu'on a receu de se borner en les expliquant à une simple exposition du sujet & de l'ordonnance, n'a pas permis de s'étendre ny sur les graces du coloris, ny sur la noblesse des expressions, ny sur la force & sur la grandeur du dessein. Et d'ailleurs le discours n'auroit pû donner qu'une foible idée de toutes ces grandes parties de l'Art de peindre, qui sont icy dans le plus haut degré de perfection. Il faut les voir dans ces excellens Tableaux, pour en reconnoistre toutes les beautez.

F I N.

www.ingramcontent.com/pod-product-compliance
Lightning Source LLC
Chambersburg PA
CBHW070146230526
45471CB00002B/536